ESTIENNE PORCHER

DE JOIGNY

ET

SA DESCENDANCE

PAR

C. DEMAY

AUXERRE

IMPRIMERIE DE GUSTAVE PERRIQUET

1876

ESTIENNE PORCHER

DE JOIGNY

ET SA DESCENDANCE

Vers la fin du xive siècle vivait à Joigny un personnage jouissant d'une très grande considération : il se l'était acquise autant par les bienfaits qu'il ne cessait de répandre autour de lui que par les fonctions qu'il avait remplies à la cour. Cet homme, simplement qualifié d'habitant de Joigny dans les anciennes chroniques, anobli par Charles V, doté d'armoiries par Miles de Noyers, portait un nom bien peu aristocratique : il s'appelait Etienne Porcher, *Stephanus Porcherii*. Au xviiie siècle, ce nom était encore connu dans la contrée ; aux uns, c'est-à-dire à ses descendants, il rappelait la source de leurs priviléges ; aux autres, l'origine de l'inégalité des charges qui pesaient sur eux ; mais, depuis la Révolution, qui établit l'égalité entre tous les citoyens, en faisant disparaître les priviléges de toutes sortes existant encore, ce nom est presqu'entièrement tombé dans l'oubli. Cependant il nous a semblé qu'en raison du nombre et de l'importance des familles issues d'Etienne Porcher, et dont une partie existe encore dans la contrée, il pouvait n'être pas sans intérêt de retracer en peu de mots ce que l'histoire nous a conservé de lui, quelles furent les destinées de ses descendants et comment leurs noms ont pu arriver jusqu'à nous.

A quelle époque naquit-il? Où s'écoulèrent les premières années de sa jeunesse? Comment, sorti des rangs inférieurs de la société, put-il arriver aux fonctions éminentes qu'il occupa et obtenir la noblesse à la fin de sa carrière? Questions jusqu'ici restées sans réponses, et pour la solution desquelles on interrogerait vainement les traditions locales. Il y a lieu de croire que son mérite, son intelligence, son dévouement à la royauté furent les causes principales de son élévation. Cette interprétation ressort pleinement, du reste, des lettres mêmes d'anoblissement que lui concéda Charles V en 1364, dans lesquelles il déclare récompenser ainsi les services nombreux et désintéressés qu'Etienne Porcher avait rendus tant à son prédécesseur Jean le Bon qu'à lui-même (1). Etienne Porcher n'est pas, du reste, le seul exemple de faveurs considérables accordées, à cette époque, à un obscur plébéien, il serait facile d'en citer d'autres. Charles V, en effet, ami des lettres et des arts, recherchant plus la société des savants que celle des hommes de guerre, accordait facilement sa protection à ceux que

(1) Voir aux pièces justificatives les lettres d'anoblissement.

rendaient recommandables des talents éminents ou une richesse noblement acquise. C'est ainsi que, par un acte d'août 1371, il confirma les bourgeois de Paris dans le privilége de posséder des fiefs et arrière-fiefs alleus, sans être astreints au payement d'aucune taxe, et qu'il leur accorda en même temps le droit de se servir des ornements des ordres de chevalerie, auxquels ils pouvaient s'affilier.

Les fonctions que remplit à la cour Etienne Porcher furent celles de sergent d'armes, *serviens armorum* et de maître des garnisons de vin du roi, *magister munitionum vinorum*.

Les sergents d'armes ou sergents à masse, furent, on le sait, la première garde des rois de France. Ils furent institués par Philippe-Auguste pour se préserver des assassins du Vieux de la montagne. « *Quand ledit roi*, dit une ancienne chronique, *ouit les nouvelles, si se doupta fortement, et prit conseil de se garder, il élut sergents à maces, qui nuit et jour étoient autour de lui pour son corps garder* (1). » Ce sont, d'après un ancien auteur qui écrivait au temps de Charles VI (1380) (2), les massiers que le roi a en son office, qui portent masse devant lui, ils sont appelés sergents d'armes, parce que ce sont les sergents pour la garde du roi. Cette garde comptait de 150 à 200 hommes, généralement de noble extraction, parmi lesquels trente étaient continuellement à la cour, les autres dans les châteaux-forts des frontières. Leurs armes offensives étaient, outre la masse d'armes, l'arc et les

---

(1) *Histoire de la Milice françoise*, par le P. Daniel.
(2) Jean Boutillé (somme rurale).

flèches. (Ils porteront toujours, disent les statuts, leurs carquois pleins de carreaux.) Leurs armes défensives consistaient en une armure complète que distinguait principalement un casque léger dit cabasset, sur lequel était disposé un voile, qui prit plus tard le nom de cornette.

Disposant d'importants commandements militaires, ne relevant que du roi et du connétable, leur puissance à la cour devait être très grande. Elle le devint à tel point, que la royauté en prit ombrage. Réduite à cent hommes par Philippe-Auguste, cette garde fut abolie en fait par Charles V, car il n'en maintint que dix pour la garde de sa personne.

Quant à la charge de maître des garnisons de vins du roi ou de pourvoyeur, les attributions en sont moins nettement déterminées, quoiqu'il soit facile de se rendre compte des devoirs qu'elle imposait à celui qui en était revêtu. C'était une de ces nombreuses charges de la cour, dont le nom avait même disparu dès la fin du xvie siècle, et qui n'avait rien de commun avec celle de grand bouteiller de France, réservée toujours aux princes du sang ou aux plus grands seigneurs du royaume (1).

Charles V n'eut qu'à s'applaudir de ce qu'il avait fait. Etienne Porcher se montra digne, par son dévouement et ses services, de la distinction qu'il avait reçue. Il ne ménagea ni sa bourse ni sa vie, ainsi que le roi se plaît à le remarquer dans les lettres d'anoblissement qu'il lui

(1) A l'époque où vivait Etienne Porcher, Jean III de Châlon, comte d'Auxerre et de Tonnerre, était honoré de cette haute dignité; c'est à ce titre qu'on le voit assister au sacre du roi Jean, en 1350.

conféra et dont nous avons déjà parlé. Une autre faveur lui était encore réservée : Miles de Noyers, comte de Joigny et sire d'Antigny, voulant reconnaître également les services qu'il lui avait rendus, lui concéda le droit de prendre et porter les armes des anciens comtes de Joigny, de *gueules à l'aigle d'argent, aux bec et pieds d'or*. Cette concession est datée du château de Joigny, du 10 septembre 1368.

Étienne Porcher, que ses fonctions à la cour retenaient forcément à Paris, passa dans cette ville la plus grande partie de son existence; il en devint même un des bourgeois les plus notables, ainsi que le témoigne une liste des notables bourgeois de Paris de la fin du xive et du commencement du xve siècles, dressée sur monuments authentiques, insérée dans l'ouvrage remarquable que vient d'éditer la ville sous le titre d'*Histoire générale de la ville de Paris*. Le nom d'Etienne Porcher s'y trouve compris avec celui de ses deux fils, Dreux et Jean, le premier, maître-clerc des comptes, le second, conseiller (1). Toutefois, il ne cessa de conserver pour le lieu de sa naissance le plus grand attachement; il y vint même demeurer sur la fin de sa carrière, administrant les fiefs importants qu'il possédait à Cézy, et dont l'existence nous est révélée par Davier (2). La ville de Joigny ne tarda pas à se ressentir de sa présence ; il y fonda un hôpital qui prit le nom d'hôtel-Dieu Notre-Dame ou des Porcher, destiné à

---

(1) *Paris et ses Historiens*, p. 360, Histoire générale de Paris, 1867.

(2) *Mémoire de Davier*, chap. II, du Comté de Joigny, de ses juridictions et mouvances.

loger les femmes pauvres de passage. Cet établissement était situé sur la paroisse Saint-André. Plus tard, grâce à la générosité des habitants, cet asile de la souffrance prit un si grand developpement, que ses administrateurs se virent dans la nécessité de choisir un emplacement plus spacieux ; ils le transférèrent, en mai 1700, dans les anciens bâtiments de l'hôpital Saint-Antoine. Sa prospérité continua à se maintenir, car, en 1723, Davier pouvait écrire dans ses mémoires cités plus hauts : « L'hôtel-Dieu se trouve aujourd'hui en très bon état, et ses revenus sont plus considérables qu'ils n'ont jamais été (1). » Les administrateurs de l'hôtel-Dieu Notre-Dame étaient, selon les intentions du fondateur, choisis par voie d'élection et pour un laps de trois années, parmi ses descendants. Ils rendaient compte de leur gestion devant le bailli de Joigny, et plus tard, conformément à un règlement de M. de la Hoguette, archevêque de Sens de 1695, devant un bureau composé de membres perpétuels et de membres élus pour trois ans.

Outre cette institution de charité, Etienne Porcher voulut laisser à ses descendants un témoignage perpétuel de la piété qui l'animait. Il fonda, en l'église Saint-Thibaut de Joigny, une chapelle sous le vocable de Notre-Dame de la Conception, qu'il dota d'une rente annuelle de 40 livres, sous la condition que le chapelain serait à la collation de ses descendants et choisi parmi eux (2). Le

---

(1) *Mémoires de Davier*, Chap. IV de l'Hostel-Dieu et Charité unis.

(2) Le tome II de l'*Inventaire général des Archives de l'Yonne*, travail considérable dû à la plume de notre savant archiviste,

pape Grégoire XI, par un bref daté d'Avignon, de mai 1372, valida cette fondation dans toutes ses dispositions. Le revenu primitif de cette chapelle, appelée communément Notre-Dame-des-Porcher, s'accrut, en 1691, d'une rente annuelle de 103 livres, dont fit donation Pierre Perrotté, un des descendants du fondateur. Le dernier titulaire de ce petit bénéfice fut Anne-Nicolas-Charles Saulnier de Beauregard, qui devint plus tard abbé de la trappe de la Melleraye, où il mourut en 1639. Il en avait été mis en possession par acte de Me Legris, notaire apostolique à Sens, le 13 septembre 1772. Après 437 années d'existence, cette fondation fut supprimée par décision de Mgr de Boulogne, évêque de Troyes, de Châlons et d'Auxerre, le 13 novembre 1809. Le seul souvenir qui en reste est une statue en pierre placée dans le bas côté sud de l'église Saint-Thibaut, représentant Etienne Porcher à genoux, nu-tête et dans l'attitude de la prière. Cette œuvre n'est pas sans mérite et porte bien l'empreinte du XIVe siècle (1).

Etienne Porcher eût un frère nommé Gilles, qui fut aussi anobli par Charles V, en 1366. On lui donne aussi pour sœur une Isabelle Porcher, qui épousa Dreux des

---

M. Quantin, énonce différents procès-verbaux de ces présentations, on y lit, notamment, page 64 : « Présentation en 1647 par MM. Perille, Ferrand et autres, au nombre de 31, tous patrons et présentateurs à cette chapelle, comme issus de feu Étienne Porcher ; page 65, provision en 1617 de ladite chapelle à Jean Bejard ; page 66, collation en 1627 de ladite chapelle à Charles de Ris. »

(1) Cette œuvre d'art est signalée dans le Répertoire archéologique de l'arrondissement de Joigny, de M. Quantin.

Portes, secrétaire du roi Charles VI. Cette conjecture n'est appuyée que sur ce que deux de ses enfants portèrent les prénoms de Dreux et d'Isabelle.

La date de la mort d'Etienne Porcher est inconnue, il paraît toutefois qu'il ne vivait plus en 1385, époque à laquelle Jean l'Aubigeois, son gendre, commença à exercer seul la charge de Maître des garnisons de vin, qu'il avait partagée jusqu'alors avec son beau-père.

Etienne Porcher laissa quatre enfants :

1° Jean Porcher, reçu conseiller au Parlement de Paris en 1399, qui épousa Jeanne de Chanteprime, fille de Pierre de Chanteprime, aussi conseiller au Parlement ;

2° Dreux Porcher, secrétaire du roi en 1374 ;

3° Isabelle Porcher, mariée à Jean du Bois, de la postérité de laquelle il ne reste pas de trace ;

4° Jeanne Porcher, qui épousa Jean l'Aubigeois, grenetier d'Auxerre, maître des garnisons de vin du roi en 1385.

Jean Porcher, de la descendance duquel nous avons principalement à nous occuper, eut de Jeanne de Chanteprime trois enfants :

1° Jeanne Porcher, qui épousa Guillaume le Duc, seigneur de Villevaude, près Montjay, 4° président au Parlement de Paris, après y avoir siégé dix-neuf ans comme conseiller. Elle mourut le 1ᵉʳ février 1466 ; son mari était mort le 20 janvier 1452. L'un et l'autre furent inhumés dans l'église des Célestins de Paris, où leur tombe se voyait encore avant la Révolution. Leurs descendants, dont la généalogie est parfaitement établie jusqu'aux premières années du xviii° siècle, vécurent à Paris. On les rencontre au Parlement, au Conseil d'Etat, à la Cour des

Comptes, à celle des Aydes ; c'est un Chrétien de Lamoignon, seigneur de Bâville, président au Parlement, mort en 1636 ; un François de Briçonnet, mort président honoraire de la Chambre des enquêtes de cette cour, en 1631 ; un Guillaume de Briçonnet, son fils, mort en février 1674, honoré de la même dignité ; un Nicolaï, marquis de Gaussainville, premier président de la Chambre des Comptes, etc., etc.

Ils brillent aussi dans le militaire, où plusieurs occupent des postes très élevés ; on y distingue des brigadiers d'armée, des maréchaux de camp, des lieutenants généraux. Un illustre officier, le maréchal de Joyeuse, baron de Verpeil, par son alliance avec sa cousine Marguerite de Joyeuse, issue d'Etienne Porcher, vient encore augmenter le nombre des illustrations militaires de cette branche importante de la famille. Mestre de camp de cavalerie en 1650, brigadier des armées du roi en 1658, lieutenant général en 1677, il obtient le bâton de maréchal de France après la sanglante bataille de Nerwinden en 1693, où il fut blessé d'un coup de mousquet, et termine à Paris le 1er juillet 1710 sa glorieuse carrière.

2° Isabelle Porcher, qui épousa Aléovolin de la Déhors, d'une famille de Paris ; sa postérité est inconnue ;

3° Marguerite Porcher, mariée à Hugues Foucault, bourgeois de Paris, élu de Langres. Ils n'eurent qu'un seul enfant nommé Jean Foucault.

Jean Foucault vint habiter Joigny, il y demeurait dès 1471, on en a la preuve dans ce fait qu'à cette date il obtenait des commissaires députés par le roi, sur le fait des francs-fiefs et nouveaux acquets, un jugement qui le déchargeait du paiement de tous droits à ce sujet comme personne noble. Il n'eut que des filles, dont la postérité resta fixée dans cette ville, étendant aussi ses alliances au dehors, principalement à Saint-Julien-du-Sault, Brienon et Auxerre.

Parmi les nombreuses familles qui en procèdent, et dont beaucoup existent encore, on peut citer les Puisoye, les Chollet, les Perrotté, les Perille, les Badénier, les Ferrand, les Collesson, les Nau, les Bournet, les Davier. Ce dernier nom est resté cher aux habitants de Joigny, en ce qu'il se trouve lié au souvenir d'un des épisodes les plus glorieux de leurs annales ; nous voulons parler de la résistance de cette ville à l'assaut que tentèrent vainement le futur ministre de Henri IV, Rosny de Sully, et le capitaine Dupré de Tannerre, en 1591, dans lequel Claude Davier, contrôleur du grenier à sel, perdit la vie à la tête de ses concitoyens ; en ce qu'il leur rappelle en outre un homme profondément instruit, Edme-Louis Davier, avocat et greffier en l'élection de Joigny, auteur de mémoires très précieux sur la ville et le comté, tableau fidèle des institutions de l'époque, et à la générosité duquel le collége de cette ville dut sa restauration. On peut signaler encore les Bourdois, d'où est sorti le célèbre médecin Edme-Joachim Bourdois de la Motte, né le 14 septembre 1754, mort en 1835 (1) ; les Lebeuf, dont le nom a été illustré par le savant chanoine d'Auxerre Jean Lebeuf ; les Varennes, les Chaudot, les Piochard, les Saulnier, les Chomereau, les Lauverjat, dont trois membres de cette famille furent chanoines d'Auxerre ; l'un d'eux même, nommé Jean-Baptiste et surnommé Jean l'aumônier, fut revêtu,

(1) Voir *Annuaire de l'Yonne*, année 1852.

en 1694, de la dignité de chantre, et finit ses jours à Seignelay, en 1708, en odeur de sainteté. Notons encore les Blanchard, les Raffin, les Deschamps, les Arnault, les Thiénot, les de Lenferna, les Murot, les de Chenu, les de Vathaire du Fort, etc.

Quant aux deux autres enfants d'Etienne Porcher, Dreux Porcher, secrétaire du roi, et Jeanne Porcher, mariée à Jean l'Aubigeois, grenetier d'Auxerre, leur postérité s'allia aux plus grandes familles du royaume, telles que les de Chastellux, Larochefoucault, Bethune, Sully, Rohan-Chabot, de Luynes, de Rochefort-Luçay, de Grammont, de Ligne-d'Aremberg, de Gontaut-Biron, Bourbon-Condé (1).

Jean Foucault n'eut que des filles, ainsi que nous l'avons dit plus haut; sa descendance n'en fut pas moins considérée comme noble, en vertu du droit admis généralement par les coutumes, qui attribuait cette qualité aux enfants issus d'un père roturier et d'une mère noble. Ce genre de noblesse prit le nom de noblesse utérine ou coutumière. La coutume de Troyes, qui régissait la plus grande partie du comté de Joigny, en disposait ainsi dans son article 1er :

« Les aulcuns sont nobles, les autres non nobles. Ceux
« sont nobles, qui sont yssus de mariage de père ou de
« mère nobles ; et suffit que le père ou la mère soit no-
« bles : posé que l'autre des conjoints soit non noble ou
« de serve condition. »

Les coutumes de Châlons, de Chaumont, de Vitry adop-

---

(1) Voir la liste des principales familles auxquelles se sont alliées ces deux branches.

taient le même droit. Celle de Meaux est très explicite, comme on peut le voir par l'article suivant :

« Entre gens nobles, le fruit ensuit la condition du
« père et de la mère ; il suffit que l'un des conjoints par
« mariage soit noble, à ce que les enfans qui en ystront
« soient censez et réputez nobles. Tellement que si la
« mère était venue et yssue de noble lignée soit conjointe
« par mariage à un homme roturier, les enfants qui en
« ystront sont réputez nobles supposé que le père ne le
« soit pas, et semblablement si le père étoit noble et la
« mère roturière et non noble, les enfants qui en ystront
« sont dits et réputez nobles. (Ch. I, art. 1.) »

La coutume de Troyes autorisait encore les nobles à se livrer au commerce ou à exercer des arts manuels sans cesser de faire partie du corps de la noblesse (art. 16).

Du reste, ce ne fut pas sans conteste que la noblesse utérine put se faire reconnaître par le droit coutumier. Lors de la rédaction de la coutume de Troyes notamment, de vives protestations, formulées par la vieille noblesse et le clergé, accueillirent la lecture de cet article 1er, vivement soutenu par le Tiers-Etat et l'échevinage de Troyes, et qui ne fut admis que sous réserve. Néanmoins, malgré cette opposition, la noblesse utérine se maintint en Champagne et y subsista jusqu'à la fin du xviiie siècle, alors qu'elle avait cessé d'exister depuis longtemps dans les autres gouvernements de la France. Il n'était pas rare de trouver dans cette province nombre de villages dans lesquels les nobles formaient la majorité de la population. Ainsi, pour n'en citer qu'un exemple, sur 301 ménages dont se composait, en 1465, la population de Romillysur-Seine, on en comptait 224 nobles, 38 roturiers et 39 mixtes (le père roturier, la mère noble) (1).

Quant à l'origine de ce droit dans cette province, il faudrait, si on en croit Pithou (et cette assertion n'est rien moins que contestable), la reconnaître dans l'octroi qui en aurait été fait après la destruction presque complète de la noblesse de Champagne aux fosses de Jaulnes près Bray-sur-Seine ; selon d'autres, à la suite de la bataille de Fontenoy-en-Puisaye. Peut-être est-il plus juste d'admettre que cette noblesse peu aisée, en raison de l'infertilité d'un sol, dont le relief faiblement accidenté ne permettait pas d'y élever aussi facilement qu'en Bourgogne des châteaux et maisons fortes, précieux abris pendant les époques agitées, dut, dès les temps les plus reculés, faire entrer dans les mœurs, et consacrer par la coutume, un droit particulier qui lui conservait la richesse, et avec la richesse la puissance.

Les descendants d'Etienne Porcher jouissaient donc des droits que leur assurait le titre de nobles. Ils étaient par cela même exemptés des tailles, redevances et autres charges, qui incombaient à leurs concitoyens. Ce privilége dans la répartition des charges publiques, dont le Tiers-Etat poursuivit toujours et vainement la destruction, contre lequel il ne cessait de lutter dans les rares occasions où il lui était permis d'élever la voix, c'est-à-dire lors de la tenue des Etats généraux, devait être particu-

---

(1) Mémoires de la Société académique de l'Aube (1873). Recherches sur la Juridiction du Roi et celle de l'Evêque dans le bailliage de Troyes, et sur les coutumes de ce bailliage, par Théophile Boutiot, vice-président.

lièrement odieux quand il s'exerçait dans les limites restreintes d'une petite ville comme Joigny; quand surtout les privilégiés y partageaient la même existence que leurs concitoyens, s'y livraient comme eux à l'exercice de toutes les professions libérales ou manuelles, qu'ils n'avaient rien, en un mot, qui les distinguât du reste de la population. Aussi ne faut-il pas s'étonner si, à l'instigation de leurs compatriotes, les gens du roi, toujours disposés à rechercher ceux qui, sous un prétexte quelconque, s'efforçaient de se soustraire au paiement des tailles, tentèrent souvent de les y assujettir; mais leurs droits furent toujours reconnus, ainsi qu'il résulte des différentes sentences qu'ils obtinrent en date des 31 mai 1471, 14 juin 1507, 28 avril 1611 et 17 août même année. Ces actes judiciaires admettent, en effet, que, comme descendants d'Etienne Porcher, ils doivent être regardés comme nobles, et, à ce titre, reproduisent les charges dont ils étaient exempts, savoir : « des droits de bourgeoisie, de
« ban, taille, minage, tonlieu, banalité, coutume, for-
« tage des nouveaux mariés, et de toutes espèces de ser-
« vitudes; même d'une amende de 60 sols n'en paient
« que 5 sols, et de celle de 5 sols et au-dessous, n'en
« paient que 12 deniers. »

Les armoiries données à Etienne Porcher par Miles de Noyers étaient, avons-nous dit, *de gueules à l'aigle d'argent*; elles furent aussi portées par ses descendants; nous les retrouvons dans les écussons des Blanchard (1), des

(1) Armoiries des Blanchard : *de gueules à l'aigle d'argent becqué et membré d'or*.

— des Murot de La Borde : *de gueule à un aigle d'argent becqué et onglé d'or*.

— des Piochard de la Brûlerie : *d'azur à trois étoiles*

Murot de La Borde, des Piochard de la Brûlerie; mais dans celui de la famille Davier, l'aigle n'apparaît plus que comme support destiné à rappeler des souvenirs lointains, à maintenir d'anciennes traditions. Cependant, il est juste de remarquer que, si quelques-uns usèrent du droit de porter les armes de l'auteur commun, le plus grand nombre s'en abstint, afin d'éviter les droits de chancellerie, perçus par le Trésor, en vertu de nombreux édits dont le plus célèbre, en date de novembre 1696, instituant de grandes maîtrises d'armoiries, fut même d'une application si difficile dans nos contrées, qu'en ce qui regarde la ville d'Auxerre notamment, deux ans après il était encore à l'état de lettre morte et qu'il fallut employer la contrainte pour arriver à son exécution (1).

Obligés d'être, à toute réquisition, en état de produire leurs droits généalogiques, soit pour jouir des immunités dont nous venons de parler, soit pour prendre part, le cas échéant, à l'élection d'un titulaire à la chapelle Notre-Dame, les familles descendant d'Etienne Porcher avaient donc le plus grand intérêt à inscrire soigneusement dans leurs archives ces actes particuliers, auxquels de nos jours on donne le nom d'acte de l'état civil; c'est ce qu'elles firent. Mais ces précieux renseignements pouvaient être égarés ou détruits. Pour obvier à ce danger, on prit le parti de les faire imprimer en 1650. Ils forment,

---

d'argent posées deux et une, écartelé de gueules à un aigle d'argent et sur le tout d'or à une bande de gueules.

Armoiries des Davier: *d'azur à trois gerbes de blé liées de gueules avec deux aigles pour support.*

(1) *Armorial de l'Yonne,* par M. Déy.

avec d'autres documents non moins importants, la matière d'un petit in-4° très recherché des bibliophiles, à cause de sa rareté ; le titre en est ainsi conçu : *Descente généalogique d'Estienne Porcher, habitant de la ville de Joigny, avec ses lettres d'anoblissement du mois de juin 1364 ; ensemble la concession à lui faite et aux siens, de prendre et porter les armes des anciens comtes de Joigny qui étaient de gueules à l'aigle d'argent armé et becqueté d'or du dixième septembre 1368 avec un bref du pape Grégoire, portant permission audit Estienne Porcher de fonder une chapelle en l'église Saint-Thibault de Joigny, et diverses autres pièces, concernant les privilèges, franchises et exemptions accordées aux descendants dudit Estienne Porcher.* Paris, Nicolas Boisset, rue Galande, proche la place Maubert, à l'image de Saint-Etienne (1).

Si cette généalogie présente, au point de vue de l'exactitude, une certaine valeur, les défauts qu'elle renferme

---

(1) L'abbé Lebeuf, dont la famille contracta des alliances avec plusieurs de celles issues d'Etienne Porcher, eut connaissance de ce livre. Toutefois, la cause qu'il prétend en avoir amené l'impression ne nous semble pas la seule et unique, il faut y ajouter celle que nous venons de relater. Voici ce qu'il en dit dans une de ces lettres adressées au P. Prévost : « Auriez-vous un certain livre in-4° imprimé à Paris, en 1650, « chez Nicolas Boisset, rue Galante, intitulée : *Descente généalogique d'Estienne Porcher, habitant de Joigny* ; on y voit la « pluspart des familles de Joigny comme tenantes en quelque « chose à cet Etienne Porcher ; ce qui a donné lieu à ce livre « est que ledit Porcher (*absit verbo injuria*) a voulu que ce fussent ses descendants qui desservissent la chapelle qu'il a « fondée à Saint-Thibault ? » — *Lettres de l'abbé Lebeuf*, t. I, p. 332.

en diminuent singulièrement l'importance. La clarté, la précision y manquent complétement. Les dates des naissances, mariages et décès y sont le plus souvent omises ; néanmoins, pour les contemporains c'était encore une œuvre très utile, mais on conçoit que son intérêt devait s'amoindrir à mesure que de nouvelles générations remplaçaient les anciennes. Dès le milieu du xviiie siècle, les mêmes incertitudes, les mêmes difficultés pour établir la filiation de chaque famille apparaissaient de nouveau ; une seconde édition devenait donc nécessaire, c'est ce travail ingrat qu'entreprit Jean-Etienne Piochard de la Brûlerie.

Suivant la voie que lui avaient tracée son père et plusieurs membres de sa famille, il avait embrassé l'état militaire, où il débutait en 1712 comme enseigne de la compagnie colonelle du régiment de Piffonds, successivement mousquetaire à la première compagnie, sous-brigadier, sous-aide-major, brigadier, mestre de camp de cavalerie; il avait quitté le service en 1756 et s'était retiré à Joigny, son pays natal, avec la croix de Saint-Louis et une pension de 1,800 livres.

Bien qu'il fût arrivé au seuil de la vieillesse, à cette époque de la vie où le repos, succédant aux fatigues, devient un besoin, il ne recula pas, tant était grand son désir d'être encore utile à ses concitoyens. En effet, il agissait ainsi moins dans le but de leur assurer la conservation de priviléges déjà en partie délaissés, que dans celui de satisfaire cette légitime curiosité à laquelle nous sommes tous, plus ou moins enclins, de connaître ce que furent ceux qui nous ont précédés dans le chemin de la vie, et le rôle qu'ils remplirent dans la société.

Le travail qu'il allait entreprendre était considérable ; il fallait refondre entièrement la généalogie éditée en 1650, combler les nombreuses lacunes qu'elle renfermait et la continuer jusqu'à l'époque contemporaine.

« La descente généalogique d'Estienne Porcher, habi-
« tant de la ville de Joigny, dit-il en forme de préface,
« fut imprimée en 1650 à Paris, chez Nicolas Boisset,
« rue Galande, proche la place Maubert, à l'image de
« Saint-Etienne. Outre qu'il y manquait dès lors plu-
« sieurs des familles qui faisaient partie de sa postérité,
« elle s'est si fort accrue depuis le temps que j'ai cru
« faire plaisir aux personnes qui y peuvent être inté-
« ressées, et en particulier à plusieurs habitants de Joi-
« gny, de travailler à une seconde édition de ce petit
« livre, qui se trouvera considérablement augmenté,
« quoiqu'il y manque encore une grande partie des
« descendants de cet homme recommandable. »

Il se mit donc résolument à l'œuvre, fouillant les actes des paroisses du comté de Joigny, s'enquérant auprès des familles, complétant les renseignements qu'il obtenait de ces différentes sources d'informations à l'aide de notes puisées dans des ouvrages spéciaux, tels que les *Dictionnaires de Moreri, de Bayle, l'Histoire généalogique des grands officiers de la couronne du P. Anselme* ; ne négligeant aucun moyen pour reconstituer la filiation de ces nombreuses familles dont l'auteur commun remontait à cinq siècles de distance. Loin de se borner à une sèche énumération de noms propres et de dates, il y inséra sur une foule de personnages, ses contemporains, des notes biographiques très curieuses.

Il mourut le 17 octobre 1766, âgé de soixante-dix ans,

laissant un continuateur de son œuvre dans la personne de son fils, que des infirmités précoces avaient forcé de quitter le service militaire, honoré aussi de la croix de Saint-Louis (1). Ce dernier se livra à ce travail avec autant de zèle et d'ardeur que son père ; il conduisit cette généalogie jusqu'à la fin du xviiie siècle, et, pensant à juste raison que le fruit de tant de peines et de recherches, qu'un ouvrage intéressant tant de personnes de la localité ne devait pas rester enfoui dans des papiers de famille, sujets à être perdus ou détruits, en fit don à la ville de Joigny, qui le conserve actuellement dans sa bibliothèque (2).

Noms des principales familles de France et de l'étranger auxquelles se sont alliés différents descendants de Dreux Porcher, secrétaire du roi, et de Jeanne Porcher, mariée à Jean l'Aubigeois, grenetier d'Auxerre, enfants d'Etienne Porcher.

d'Aguesseau.	de Grammont.
d'Ormesson.	de Colbert.
de Saulx-Tavannes.	de Crussol.
de Bragelogne.	de Caulincourt.
de Breteuil.	d'Estrées.
de Calonne.	Fouquet (Surint. de Belle-Isle).
de Clermont-Tonnerre.	de la Trémoille.
de Larochefoucault.	de la Vauguion.
de Rohan-Chabot.	de Tessé.

(1) Piochard de la Brûlerie (Pierre-Louis-Nicolas), né le 8 octobre 1727, mort en 1800.

(2) Cette généalogie a été continué jusqu'à nos jours *pour certaines familles* par Perille-Courcelles, ancien secrétaire de la mairie de Joigny.

de Rohan-Soubise.
de La Marck.
de Lautrec.
Clermont d'Amboise.
de Ligne d'Aremberg.
de Mazarin La Meilleraye.
de Tallard.
de Bourbon-Condé.
de Durfort-Duras.
d'Aumont.
de Rochechouart-Mortemart.
de Choiseul.
d'Espinay.
d'Houdetot.
de Laval.
de Chabannes.
de Harlay.
Sully de Rosny.
d'Alègre.
de Gontaud-Biron.
Caumont de la Force.
de Levis.

de Louvois.
de Lorraine d'Elbeuf.
de Pompadour.
de Dangeau.
de Boulainvilliers.
de Luynes.
de Piennes.
de Guerchy.
de Neuville-Villeroy.
de Rochefort-Lucay.
de Naugis.
de Saint-Simon.
de Boufflers.
de Crequy.
Seguier.
Laval-Montmorency.
de Seran.
La Ferté-Meug.
Samuel Bernard.
Molé.
de Damas.

Burretini, Bourtamachi, Deodati, lucquois.

Fernand Nunez (Espagne).

Camera-Ribeira, d'a Costa, Vasconcellos, Saldanha et duc de Cadaval (Portugal).

De Fiesque-Masseran (Piémont).

Radziwil, Jablonowski et Potoski (Pologne).

ESTIENNE PORCHER,
Sergent d'armes de Charles V, anobli en 1364.

Jean PORCHER, conseiller au Parlement en 1399, ép. Jeanne de Chanteprime.	Dreux PORCHER, secrétaire du roi en 1374, dont postérité.	Isabelle PORCHER épouse Jean Du Bois.— Postérité inconnue.	Jeanne PORCHER épouse Jean L'Aubigeois, grenetier d'Auxerre, dont postérité.
Jeanne PORCHER, † 1466, ép. Guillaume Le Duc, seigneur de Villevaude, président au Parlement, † 1452, dont postérité.	Marguerite PORCHER, ép. Hugue FOUCAULT, élu de Langres.	Isabelle PORCHER, ép. Alcovolin de la Debors. Postérité inconnue.	

Jean FOUCAULT habite Joigny, ép. Nicole Langlois.

Philippotes FOUCAULT, ép. Jean PERROTÉ, veuve en 1507.	Marie FOUCAULT, ép. Jean Deshayes, de Sens, sans postérité.	Guillemette FOUCAULT, ép. Jacques Rousselet, bourgeois d'Auxerre, veuve en 1536. Postérité inconnue.

Guillaume PERROTÉ ép. Jeanne Puisoye dont postérité.	Jean PERROTÉ pourvu de la chapelle des Porcher en 1536.	Catherine PERROTÉ ép. 1° Nicolas Puisoye; 2° Jean Calmeau, dont postérité.	Anne PERROTÉ ép. Germain Boucher d'Auxerre, dont postérité.	Guillemette PERROTÉ, ép. Jean Puisoye, dit le Gros, dont postérité.	Marion PERROTÉ, ép. Jean Puisoye, dit le Petit, dont postérité.

PIÈCES JUSTIFICATIVES

I

Lettres d'anoblissement d'Estienne Porcher, enregistrées en la chambre des comptes de Paris, le 5 novembre 1370.

Carolus, Dei gratià Francorum rex. Probitatis et virtutum merita, nobiles actus, gestusque laudabiles insignia quibus personæ decorantur, aut prœmuniuntur merito nos inducunt, ut eis Creatoris exemplo juxta propria retribuamus opera, ipsos etiam suamque posteritatem congruis favoribus, et nobilium honoribus, et nomen rei consonæ attollamus, ut et ipsi hujus modi prerogativa fungantur; cæterique ad agenda quæ recta sunt, libentius, et frequentius aspirent, et ad honores suffragantibus virtutum et bonorum operum meritis adipiscendos alliciantur.

Notum igitur facimus universis presentibus et futuris, quod nos attentis et consideratis pluribus gratuitis et laudabilibus servitiis, quæ dilectus noster *Stephanus Porcherii* serviens noster armorum, et magister nostrarum munitionum vinorum, inclytæ recordiationis domino genitori nostro, et nobis, per longa tempora fecit, et impendit, et quæ impendere ab ipso speramus in futurum, pænas que et labores quos propter hoc sustinuit, ac magna pericula, in quibus serviendo se exhibuit, aliorumque meritorum et gestorum, quibus persona ipsius prout fide dignorum tenet affectio decoratur. Volentes ea propter eumdem ejusque posteritatem, sic prosequi favoribus gratiosis, quod exinde commodi et honoris incrementum se gaudeat reportasse, licet idem Stephanus ex ignobilibus ab utroque latere traxerit originem, auctoritate nostrà regia, certà scientià, et gratià speciali, eumdem Stephanum, dictamque suam posteritatem, procreatam et procreandam, natam et nascituram nobilitamus. Nobiles que ac eorum singulos habiles, tenore presentium reddimus et decrevimus ab universa et singula perquirenda, quibus cæteri regni nostri nobiles utuntur, ac uti possunt et debent, ita ut idem Stephanus, ac dicta ejus posteritas, tam procreata quam procreanda, nata et nascitura de matrimonio legitimo quando cumque et à quocumque milite voluerint, valeant cingulo militiæ decorari. Concedentes insuper eidem Stephano, ac ejus posteritati, seu proli præfatæ, ut ipsi et cuilibet ipsorum in universis et singulis actibus, rebus, personis, et bonis nobilibus et immobilibus acquisitis, et acquirendis, tam in feudis quam retrofeudis regiis, vel aliis quibus libet, et quacumque nobilitatis prerogativa insignitis privilegiis, franchisis, libertatibus et immunitatibus, quibus cæteri milites dicti regni gaudent, plenarie, libere, et quiete utantur, et gaudeant in perpetuum, ac pro nobilibus ubilibet habeantur, et ab omnibus reputentur, ac in judiciis et extra tractentur indesignanter quodque aliquatenus financiam nobis seu successoribus nostris præstare pro fendis aut retro fendis acquisitis, vel acquirendis, per eos vel per eorum aliquem, aut pro quacumque aliâ causâ occasione præmissa de cœtero nullatenus compellentur, constitutione vel lege qualibet, consuetudine, usu, vel ordinatione contrariâ editis vel edendis nonobstantibus quibuscumque, qui ex plenitudine potestatis regiæ, ac certâ scientiâ ante dictis, quoad hoc cassamus, abolemus, et totaliter amovemus.

Mandantes dilectis et fidelibus gentibus nostrorum computorum, cæterisque judiciariis nostris presentibus et futuris, et eorum cuilibet, ac loca tenentibus eorumdem, quatenus dictum Stephanum, et ejus posteritatem prædictam nostrâ presenti gratiâ uti pacifice perpetuo faciant, et permittant ipsos, aut eorum alterum, in contrarium nullatenus molestantes vel perturbantes, seu molestari, vel pertubari facientes, vel permittentes.

Quod ut firmum et stabile permaneat in futurum, sigillum nostrum, quo ante susceptum regimen regni nostri utebamur, presentibus litteris duximus apponendum, salvo in aliis jure nostro, et in omnibus quolibet alieno.

Datum Parisiis anno Domini millesimo trecentesimo sexage-simo quarto, mense Junii.

Ainsi signé sur le reply vers la marge d'en haut. Per Regem N de Veres, *et vers la marge d'en bas est écrit :*

Registrata in camera cum aliis consimilibus, et reddita virtute litterarum regis retentarum in dictâ cameră.   JOANNES.

Lesdites lettres scellées du grand sceau de cire verte en lacqs de soie.

(Tiré de la généalogie d'Estienne Porcher, éditée en 1650.)

II

Concession faite par Miles de Noyers, comte de Joigny, à Etienne Porcher et aux siens, de porter les armes des anciens comtes de Joigny.

Nous, MILES DE NOYERS, comte de Joigny et sire d'Antigny,

Faisons savoir à tous que comme nostre bien aimé et féal Estienne Porcher de Joigny, sergent d'armes du roy nostre sire, maistre de ses garnisons de vins, ait bien loyaument et longuement servy nos prédécesseurs (desquels Dieu ait les âmes) et nous, ainsi espérons-nous qu'il nous serve au temps à venir, sans qu'il en ait duement esté rémunéré ; à laquelle rémunération nous nous tenons pour tenus ; et il nous ait affectueusement supplié, que comme les armes que souloient porter nobles et puissants seigneurs nos prédécesseurs comtes de Joigny, annulées et à néant venues par défaut d'hoir nay et procrée de leurs corps ; lesquelles armes sont nostres, et à nous appartiennent à cause de nostre ville et comté de Joigny. Nous icelles lui voulussions donner et à ses hoirs nais et à naistre ; comme nous portons les armes de Noyers, qui sont nostre et de nostre droite ligne ; à laquelle supplication Nous considérant la grande et vraye amour qu'il a eue tousiours à nos prédécesseurs et à nous, les biens et courtoisies, services et amitiez que faits nous a, loyauté, honneur, prudhomie que trouvée ont nos prédécesseurs audit suppliant, et nous aussi ; avons encliné, en lui donnant par ces présentes lettres et à ses hoirs nias et à naitre, licence plein pouvoir, et authorité de porter lesdites armes qui sont telles : *l'escu de gueules à l'aigle d'argent au bec et aux pieds d'or,* ensemble le cry d'icelles par tous les lieux ou porter les voudra,soit en armes, soit en scel, et en toutes autres manières quelconques. Cette donation faite par Nous, bien advisez et consultez, et de nostre certaine science et volonté, audit suppliant et à ses hoirs comme dit est.

En témoin de ce nous avons fait mettre nostre grand scel à ces présentes, qui furent faictes et données en nostre Chastel de Joigny l'an de grâce mil trois cent soixante huict.

Ainsi signé GEORGE.

(Lesdites lettres en parchemin scellées du scel dudit Miles de Noyers, comte de Joigny et sire d'Antigny en cire vermeille sur double queue).

Même origine que dessus.

III

Bref du Pape Grégoire XI.

Gregorius, episcopus servus servorum Dei, *dilecto filio nobili viro Stephano Porcherii domicello* Senonensis diocesis salutem et apostolicam benedictionem.

Devotionis tuæ sinceritas promeretur ut petitiones tuas in his præsertimquæ tuæ et aliarum fidelium animarum salutem et divini cultus augmentum respiciunt, quantum cum Deo possumus, favorabiliter annuamus. Sanè nuper ex serie tuæ petitionis nobis exhibitæ percepimus, quod tu de salute propriâ cogitans, ac cupiens terrena pro celestibus, et transitoria pro terrenis felici commercio commutare ad honorem Dei et Virginis gloriosæ, ac divini cultus augmentum, ac pro tuæ, et parentum animarum salute *unam perpetuam capellaniam in ecclesia sancti Theo-*

baldi de Joviniaco Senonensis diocesis canonice fondare et instituere, et eam de quadragenta libris Parisiensis in reditibus annuis pro uno perpretuo capellano, ibidem domino servituro de bonis tibi à Deo collatis, dotare proponis; quare nobis humiliter supplicasti, ut tibi quod præmissum facere possis; authoritate apostolicâ concedere dignaremur.

Nos itaque hujusmodi tuis supplicationibus inclinati, fundandi, et instituendi capellaniam ipsam in dictâ ecclesiâ hujus modi dote per te primitus realiter assignata, cujus quam licentiâ minime requisitâ, *jure patronatus ac presentandi personam idoneam et ipsam capellaniam loci ordinario tibi ac tuis heredibus et successoribus reservato*, jure que dictæ ecclesiæ, et cujus libet alterius in omnibus semper salvo, authoritate apostolicâ, tibi tenore presentium licentiam largimur; nulli ergo hominum liceat hanc paginam nostræ concessionis infringere, vel ei ausu temerario contrahire, si quis autem attentare præsumpserit indignatione omnipotentis Dei, et beatorum Petri et Pauli Apostolorum ejus se noverit incursurum.

Datum Avimoni Kalendis Martiis, Pontificatus nostri anno secondo.

Ainsi signé Aganaldam, et sous le reply, Gomery.

(Les dites lettres scellées de plomb sur lacs de soie jaune et rouge avec les portraits de saint Pierre et de saint Paul.)

(Même origine).

IV

Suppression de la chapelle Notre-Dame de la Conception ou des Porcher.

Etienne Antoine de Boulogne, par la miséricorde divine, et par la grâce du saint siége apostolique évêque de Troyes, de Châlons et d'Auxerre, baron de l'empire, aumônier ordinaire de sa majesté l'Empereur et Roi.

Vu la commission par nous donnée le 30 août dernier à M. Tisserant, curé doyen de Joigny, à l'effet d'informer sur l'utilité ou l'inutilité, avantage ou désavantage de la translation de l'autel dit des Porchers dans l'enceinte des fonts baptismaux de l'église Saint-Thibault de Joigny.

Le procès-verbal d'information dudit sieur Tisserant, commissaire, en date du 11 octobre dernier.

Tout vu et considéré, nous avons ordonné et ordonnons ce qui suit :

Article Iᵉʳ.

L'autel dit des Matignons, placé dans l'église Saint-Thibault, est mis par ces présentes sous le vocable de Saint-Vincent diacre et martyr.

Article II.

L'autel dit des Porchers aussi dans la dite église, sera transféré dans l'enceinte de fonts baptismaux, et il est mis sous le vocable de Saint-Jean-Baptiste.

Donné à Troyes sous le seing de notre vicaire général, l'apposition de notre sceau et le contre-seing du secrétaire de notre évêché, le 13 novembre 1809.

F. DAUDIGNÉ, vicaire général.

Par ordonnance, HUILLIER.

(Tiré des archives de l'église Saint-Thibault).

V

Jugement rendu en faveur de Jean Foucault, fils de Hugues Foucault et de Marguerite Porcher, petite fille d'Estienne Porcher par MM. les commissaires députez par le Roy sur le fait des francs fiefs et nouveaux acquest, le dernier mai 1471.

Jean Legoust, notaire et secrétaire du Roy nostre Sire, Esleu sur le fait des aydes à Sens, et Georges Gauthier, clerc et secrétaire du dit sieur commissaire. Ordonnez par le Roy, notre sire sur le fait des francs fiefs et nouveaux acquest, faits par gens d'églises et personnes non nobles en la province de Sens, évêché de Langres et dépendant d'icelle. A tous ceux qui ces présentes lettres verront. Salut : Comme par vertu du pouvoir à nous donné et commis en cette partie par le Roy nostre dit sieur nous eussions fait convenir et appeler par devant nous Jean Foucault de Joigny pour nous bailler par déclaration les fiefs, et choses nobles qu'il tient et possède, pour en faire et composer avec nous comme personne non noble et en payer finance au Roy nostre dit sieur, pour son indemnité, selon le contenu des ordonnances et instructions royaux faites sur le fait des dits francs fiefs et nouveaux acquest, et il soit ainsi que cejourd'hui Pierre Bouchart demeurant à Sens se soit comparu et présenté par devant nous pour et au nom, et soy faisant fort du dit Jean Foucault, nous a dit et exposé que le dit Foucault n'est tenu de payer aucune finance au Roy nostre dit sieur pour les fiefs qu'il tient et possède, pour ce qu'il est noble nay et extraict de noble lignée, et pour de ce nous informer, et faire apparoir, nous a produit et exhibé le Vidimus de certaines lettres royaux de nobilitation faites par feu de bonne mémoire Charles V en l'an 1364 à feu Estienne Porcher aieul maternel du dit Foucault, avec certain extraict de la Chambre des comptes ; auquel vidimus et extraict ces présentes sont attachées sous l'un de nos sceaux. Sçavoir faisons que *veu par nous les dites lettres et extraict, et aussi qu'avons été deument informez* que le dit Foucault et ses prédécesseurs ont accoustumé de jouir et user des privilèges de noblesse ; Nous iceluy Foucault pour ces causes *avons envoyé et envoyons sans jour et sans finance comme personne noble*, sauf le droit du Roy nostre dit sieur en autres choses, et l'austruy en toutes; en lesvant et otant la main du Roy nostre dit sieur, et tout autre empêchement qui à la cause dessus dite pourroit avoir été fait. mis ordonné sur les fiefs, terres, et possessions du dit Jean Foucault.

Donné à Sens sous nos sceaux et le seing manuel de Jean Raimbault, greffier de la dite commission, le dernier jour de may l'an mil quatre cent septante et onze; signé RAIMBAULT.

VI

Sentence des Esleus de Sens, par laquelle Philippe Foucault, veuve Jean Perrotté, arrière-petite-fille d'Estienne Porcher, a été conservée dans les priviléges de noblesse, et déclarée exempte des tailles du 14 juin 1507.

A tous ceux qui ces présentes lettres verront, salut, etc., etc.

Dit a esté ; que comme yssue de noble seigneur, avons icelle Foucault déclaré et déclarons noble, et qu'elle jouira des priviléges de noblesse en vivant noblement comme font et ont accoustumé de faire lesdits autres nobles de l'élection de Sens, et en ce faisant absolvons ladite défenderesse des demandes et conclusions desdits demandeurs et lui seront rendus les biens pris à exécution et sans dépens, par notre sentence deffinitive, et à droict ; en tesmoin de ce nous avons fait mettre le scel de la dite élection de Sens à ces dites présentes. Données au dit Sens le lundy quatorzième juin, l'an mil cinq cent sept. Signé Guyot.

VII

Sentence du Bailly de Joigny au profit d'André Pérille et consorts descendans d'Estienne Porcher et des Ponthons et Gonthiers, par laquelle ils sont conservés dans tous les priviléges à eux accordez par les anciens comtes de Joigny, contre le procureur fiscal dudit comté de Joigny, en date du 28 avril 1611.

A tous ceux qui ces présentes lettres verront Savinien Delamarre, lieutenant au Baillage de Joigni, pour le déport de M. le Bailly de Joigni salut :

Comme procèz auroit été meu par devant nous en cette cour, entre le Procureur Fiscal de ce comté, demandeur, d'une part, et André Pérille, marchand, demeurant au dit Joigni défendeur originaire, d'autre part, pour raison de ce que le dit Pérille, comme habitant du dit Joigni estait tenu envers Monseigneur le comte de Joigni de quinze deniers tournois de bourgeoisie, payables par chacun an le dimanche d'après la Sainct Remy, au payement de quoi il auroit conclu pour une année échue audit jour en l'année 1604, avec lequel Pérille se fussent joints Maistre Augustin Thouin, conseiller du Roy, lieutenant en l'élection de Joigni ; Mᵉ Zacharie Perrotté, avocat ; Louis Pérille, fils de M. Louis Pérille Esleu ; Jean Hatin l'aisné apothicaire à cause de Nicole Perrotté, sa femme ; Mᵉ Jean Hatin, le jeune procureur ; Louis Bejard, praticien ; Félix Bejard, apothicaire ; Jean Puisoye, fils d'André Marchand ; Jean Blanchard, marchand courtier de vins, à cause de Liesse Chappeau sa femme, tous demeurant à Joigni, de la partie desquels auroit été dist et défendu que feus Nosseigneurs les comtes de Joigny auroient baillé plusieurs beaux droits, franchises et libertés aux Ponthons, Gauthiers, Marchants et autres, par lesquels ceux qui sont descendus d'eux sont exempts des droits de la dicte bourgeoisie, de ban, taille, minage, tonleu, bannalité, coustume, fortage des nouveaux mariés, péages et toutes autres espèces de servitudes, même d'une amende de soixante sols n'en paient que cinq sols tournois, et de celle de cinq sols et au-dessous de cinq sols n'en payent que douze deniers. Desquels Ponthon et Gauthier, les dits défendeurs es joints disoient être issus, et comme tels avaient joui et usé eux et leurs dits prédécesseurs des exemptions et franchises des dits droicts sans avoir été contraints ni poursuivis, d'y contribuer, ainsi qu'ils sont issus d'Estienne Porcher, annobly par le Roy Charles V, et comme tels sont exempts des dicts droits, quand d'ailleurs ils en seroient tenus (que non), et soustenu que pour ces causes ils fussent déclarés exempts des droicts sus dits, à l'effet de quoi ils auroient offert de vérifier leurs droicts de généalogie tant par titres que tesmoins après qu'ils leurs seront deniés par le dit Procureur fiscal, ce qu'ayant été fait par le dit demandeur qui auroit repliqué que l'annoblissement du dit Porcher estait inutile aux dits défendeurs et joints à cause qu'ils auroient dérogé et ne vivoient noblement, et pour autres causes par luy déduites au dit procès soutenu qu'ils étoient tenus de payer le dit droict.

. . . .

Nous, par délibération d'iceluy disons :

Les dits défendeurs et joints avoir bien et duement prouvé et vérifié tant par leurs titres que tesmoins être yssus et descendans d'Estienne Porcher et de ceux auxquels Nosseigneurs les comtes ont conféré les dites franchises et privilèges, et comme tels, en les renvoyant des conclusions du dit demandeur déclarons eux et leurs descendants francs et immunes du dict droict de bourgeoisie du ban, taille, minage, tonleu, coustume, fortage des nouveaux mariés, bannalité, péages et de toutes autres espèces de servitudes : que des amendes de 60 sols ils en seront quittes en payant 5 sols tournois et de celles de 5 sols et au-dessous, ils en seront quittes pour 12 deniers. Les despens du procès compensés par notre sentence, jugement et à droict, signé sur le dicton Delamarre. En tesmoin de quoi nous avons fait sceller cesprésentes du contre scel aux causes dudit baillage, qui furent faites données et prononcées en l'auditoire du dit baillage par nous juge et lieutenant sus dit le jeudi vingt-huitième avril 1611, à l'heure de 7 du matin : en présence de noble homme M⁰ Jean Ledoux, procureur fiscal du dit comté pour Mgr Lillustrissime et Revendissime Pierre, cardinal de Gondy, comte de Joigny, et encore en présence des dits Thouin, Perroté, André Pérille, Pesnot et Levert, tant pour eux que pour leurs consorts dénommés au présent jugement.

VIII

Sentence obtenue par Laurence Puisoye, veuve de M. Pierre Demas, François Charles et François Demas, sa femme, du 17 août 1611, contre le Procureur fiscal du comté de Joigny, par laquelle sentence la dite Laurence Puisoye et ses enfants sont déchargés du droit de bourgeoisie et autres prétendus par ledit Procureur fiscal.

A tous ceux qui ces présentes lettres verront, Savinien Delamarre, lieutenant au baillage de Joigni pour l'absence de M. le Bailly salut. Savoir faisons qu'entre le Procureur fiscal du comté de Joigny, d'une part, demandeur, Laurence Puisoye, veuve de feu M. Pierre Demas, vivant, maitre particulier des bois, eaux et forêts du comté, tant en son nom que comme tutrice de Jean Demas, Louis Demas, Marie Demas et Claude Demas, enfantmineurs d'elle et du dit défunt, maître Pierre Demas, et encore François Charles, marchand demeurant audit Joigni, et Françoise Demas, sa femme, fille de la dite Laurence Puisoye et dudit défunt Demas défendeurs d'autre part.

. . . .

Nous faisant droict aux dites parties disons les dits défendeurs avoir duement justifié être issus de ceux auxquels les dictes franchises ont esté données par feus Nosseigneurs les Comtes de Joigni et de même famille que ceux dénommés en nos deux jugements des 28 avril 1611 et 16 août même année, et comme tels les renvoyons des fins et conclusions du dit Procureur fiscal, déclarons eux et leurs descendans francs et exempts des droits de bourgeoisie, ban, taille, etc., etc.

La minute des présentés signée Delamarre le dix-septième août 1611.

ESTIENNE PORCHER

d'après la statue placée dans l'Eglise
Saint-Thibault de Joigny.

www.ingramcontent.com/pod-product-compliance
Lightning Source LLC
Chambersburg PA
CBHW060527050426
42451CB00011B/1705